MAXIMES

DE

MME DE SABLÉ

(1678)

PUBLIÉES PAR

D. JOUAUST, IMPRIMEUR

PARIS

LIBRAIRIE DES BIBLIOPHILES

RUE SAINT-HONORÉ, 338

—

M DCCC LXX

MAXIMES

DE

MADAME DE SABLÉ

———

CABINET DU BIBLIOPHILE

Nᴼ X

TIRAGE.

2 exemplaires sur parchemin (n°s 1 et 2).

15   »   sur papier de Chine (n°s 3 à 17).

15   »   sur papier Wathman (n°s 18 à 32).

300   »   sur papier vergé (n°s 33 à 332).

_____

332 exemplaires.

N^o

MADAME DE SABLÉ

―――――

MADAME *de Sablé appartient à la brillante pléiade des grandes dames du dix-septième siècle* dont les maris ne nous sont restés connus que par le nom qu'ils avaient donné à leur femme. De tous ces maris de femmes illustres, le plus obscur est sans contredit Philippe-Emmanuel de Laval, marquis de Sablé, de la grande famille des Montmorency, fils et gendre de maréchaux de France. Ses seuls mérites étaient sa naissance et sa fortune; mais il ne sut sauvegarder ni l'une ni l'autre : il dissipa la plus grande partie de ses biens dans des liaisons indignes du nom qu'il portait, indignes surtout de la femme de bien dont il avait lié la destinée à la sienne.

Quant à Madeleine de Souvré, marquise de Sablé par un mariage dans lequel son goût n'avait pas été consulté, elle n'en conserva pas moins à son mari la fidélité qu'elle lui avait jurée. A une époque où la galanterie était tout à fait de mise, elle fut le plus parfait modèle de toutes les vertus domestiques. Jolie, et partout réputée pour l'être, comblée d'hommages d'autant plus dangereux qu'ils s'adressaient en même temps à son esprit et à sa beauté, elle sut résister aux séductions qui l'environnaient, et auxquelles il lui eût été d'autant plus facile de s'abandonner que la société de son temps, si indulgente aux erreurs de ce genre,

n'eût pas manqué d'en rejeter entière-
ment la faute sur les déportements de
son mari. Tous ses contemporains sont
d'accord pour témoigner de sa vertu,
si pourtant l'on en excepte Tallemant
des Réaux, dont la langue de vipère
aime à se promener sur toutes les répu-
tations. Seulement Madame de Sablé
avait cinquante ans à l'époque où il
l'accuse d'une intrigue amoureuse avec
René de Longueil, président au Parle-
ment de Paris, et l'absurdité d'une
telle supposition montre quel degré de
confiance on doit accorder aux alléga-
tions de l'auteur des Historiettes.

Il faut le dire aussi, Madame de
Sablé, malgré toute l'affabilité de son
caractère, était une nature froide,
plutôt faite pour l'amitié que pour
l'amour. L'amitié était pour elle la
suprême expression de la tendresse.
Pratiquer l'amitié fut la grande occupation de sa vie, la définir fut le but
principal des quelques lignes dans les-

quelles elle a fixé ses pensées. Elle en parlait souvent dans le cercle littéraire que son esprit distingué avait réuni autour d'elle ; elle en discuta beaucoup avec le célèbre auteur des Maximes, et sur ce point, comme sur tant d'autres, elle fut en désaccord avec lui. Pour le duc de La Rochefoucauld, qui ne connaît pas de tempérament à la perversité humaine, il n'existe pas de véritable amitié. Aussi écoutons-le :

« Ce que les hommes ont nommé « amitié n'est qu'une societé, qu'un « mesnagement reciproque d'interests, « et qu'un eschange de bons offices ; ce « n'est enfin qu'un commerce où l'amour « propre se propose toûjours quelque « chose à gagner [1]. »

Madame de Sablé ne se fait pas non plus illusion sur l'amitié ; elle convient

---

1. Voir notre édition in-8° des Maximes de La Rochefoucauld (1868), maxime 83, page 31.

que la plupart du temps *il y a lieu d'en suspecter la sincérité.*

« *La société, dit-elle, et mesme*
« *l'amitié de la plupart des hommes,*
« *n'est qu'un commerce qui ne dure*
« *qu'autant que le besoin. — Quoique*
« *la plupart des amitiez qui se trou-*
« *vent dans le monde ne méritent point*
« *le nom d'amitié, on peut pourtant en*
« *user selon les besoins, comme d'un*
« *commerce qui n'a pas de fonds cer-*
« *tain, et sur lequel on est ordinaire-*
« *ment trompé* [1]. »

Mais pour cela Madame de Sablé
n'abandonne pas la cause de l'amitié.
Elle sait bien que la véritable amitié
existe, puisqu'elle la sent et qu'elle la
pratique; aussi quelle définition lui en
dictent et son cœur et son bon sens :

« *L'amitié est une espece de vertu*
« *qui ne peut estre fondée que sur l'es-*

[1]. Maximes 77 et 78, pages 44-45 de cette édition.

« time des personnes que l'on ayme,
« c'est à dire sur les qualitez de l'âme,
« comme sur la fidelité, la generosité
« et la discretion, et sur les bonnes
« qualitez de l'esprit. — Les amitiez
« qui ne sont point establies sur la
« vertu, et qui ne regardent que l'in-
« terest ou le plaisir, ne meritent point
« le nom d'amitié [1]. »

Ainsi parlait une femme qui ne pos-
sédait certes pas la pénétration de La
Rochefoucauld, mais qui avait des déli-
catesses de sentiment inconnues à l'auteur des Maximes. Et cependant bien
des pensées de la marquise ont une
grande affinité avec celles du duc; mais
cette ressemblance vient bien moins
d'une communauté d'idées que des rap-
ports d'amitié très-suivis qui s'étaient
établis entre eux : car Madame de Sablé eut le rare privilége de vivre dans
une très-grande intimité avec La Ro-

---

chefoucauld, sans tomber dans les piéges que la funeste amitié du duc tendit avec succès à plusieurs de ses contemporaines. Dans ces mêmes pensées, exprimées souvent en termes analogues, perce toujours la différence qui existe entre le langage d'une femme indulgente, qui parle avec son cœur, et les jugements systématiquement sévères d'un homme égoïste, uniquement guidé par son orgueil. Madame de Sablé n'a pas, comme son illustre contemporain, le défaut de tout généraliser et de faire la règle de ce qui n'est que l'exception. Elle est d'ailleurs plus disposée à voir dans l'humanité des défauts que des vices; pour elle nos travers sont toujours un sujet d'étude, mais jamais une satisfaction maligne.

« Les sotises d'autruy, dit-elle, nous « doivent estre plûtost une instruction « qu'un sujet de nous moquer de ceux « qui les font. — On s'instruit aussi « bien par le défaut des autres que par

« *leur instruction. L'exemple de l'im-*
« *perfection sert quasi autant à se*
« *rendre parfait que celuy de l'habileté*
« *et de la perfection.* »

Mais, une fois la part faite aux qualités du cœur, nous ne pousserons pas
notre admiration pour Madame de
Sablé jusqu'à la comparer à La Rochefoucauld pour la noblesse du style ou
la grandeur de la pensée. Plus ingénieuse que profonde, elle descend volontiers dans de petits détails qui accusent sans doute une exquise sensibilité ;
mais elle ne conçoit pas les vues d'ensemble.

Sa dix-huitième maxime nous offre
un exemple remarquable de ce manque
de largeur dans les idées. Parlant du
plaisir secret que nous éprouvons par-
fois à la vue des plus tristes et des plus
terribles événements, elle attribue ce
sentiment à la « malignité naturelle
qui est en nous ». Ici Madame de
Sablé n'a vu le cœur humain qu'à la

surface, et son regard, faute de pouvoir y pénétrer plus avant, s'est égaré. Lucrèce, qu'on ne s'attendait peut-être pas à voir figurer ici, et que Madame de Sablé serait bien excusable de n'avoir pas lu, avait été, lui aussi, frappé de cette particularité de notre nature; mais, avec le coup d'œil infaillible du génie, il en aperçut la véritable cause, et l'expliqua ainsi dans les quatre vers par lesquels débute si majestueusement son deuxième livre De la Nature des choses :

Suave, mari magno, turbantibus æquora ventis,
E terra magnum alterius spectare laborem :
Non quia vexari quemquam est jucunda voluptas,
Sed quibus ipse malis careas quia cernere suave est.

Voilà certes une belle maxime, largement conçue et grandement exprimée, et que le duc de La Rochefoucauld lui-même n'eût pas été fâché de rencontrer sous sa plume.

Madame de Sablé n'est pas d'ailleurs un écrivain; ses maximes ne fu-

rent jamais par elle destinées à l'im-
pression. Elle en écrivit parce que tout
le monde dans sa société en écrivait;
c'était la mode du temps, et l'on se
plaisait volontiers à cet exercice, qui
n'était alors, à vrai dire, qu'un jeu de
société : on faisait des maximes à peu
près comme on a fait plus tard des
charades. Aussi, tout en sachant gré
à l'abbé d'Ailly de nous avoir fait con-
naître les Maximes *de Madame de Sa-*
blé (moins peut-être pour rendre hom-
mage à une ancienne amie que pour
glisser les siennes à la suite de celles
de la marquise) [1] *, gardons-nous bien*
d'y chercher autre chose que ce que

1. C'était alors le beau temps des *Maximes* et
Pensées. L'abbé d'Ailly en avait fait, comme tant
d'autres, et il fut bien aise de les *montrer aux*
gens à la faveur de celles de Mme de Sablé. Il
s'excuse modestement de se produire ainsi au
grand jour, disant que ses pensées « sont d'un des
amis particuliers de la Marquise », et que « c'est
elle en quelque façon qui les a fait naître ».

Nous pourrons publier ces maximes de d'Ailly,

nous devons raisonnablement y trouver. Voyons-y seulement les pensées d'une femme vertueuse, d'un grand cœur et d'un grand esprit, qui se plaisait à fixer sur le papier le résultat de ses réflexions de chaque jour, et qui, dans ces confidences destinées à elle seule ou à ses amis intimes, ne dut jamais viser à cette perfection de style qu'elle aurait cherchée, et sans doute rencontrée, si elle avait pensé affronter un jour le jugement du public.

Les maximes de Madame de Sablé furent d'ailleurs très-goûtées dans le cercle qui s'était formé autour d'elle; il en est souvent question dans les correspondances de ses amis[1]; et si l'on

ainsi que celles d'Esprit, de Domat et d'autres petits-moralistes peu connus de là même époque, qui sont comme les satellites de Pascal et de La Rochefoucauld.

1. Voir, entre autres, dans notre publication spécimen : *Huit Lettres de Madame de Lafayette à Madame de Sablé*, la lettre III.

doit attribuer une partie de leur succès au charme que la marquise répandait autour d'elle, et qui s'attachait à tout ce qui venait d'elle, il faut bien aussi leur reconnaître un véritable mérite, indépendant de qualités personnelles de l'auteur. Enfin, si Madame de Sablé ne fut pas un écrivain comme l'était son amie Madame de Lafayette, elle contribua puissamment, par la direction qu'elle sut donner à sa société, au mouvement littéraire de son époque. « Toute la littérature des maximes et « des pensées, dit M. Cousin, est sortie « du salon d'une femme aimable re- « tirée dans le coin d'un couvent [1], « qui, n'ayant plus d'autre plaisir que « celui de revenir sur elle-même, sur « ce qu'elle avait vu et senti, sut donner

---

1. Port-Royal de Paris, où Mme de Sablé, éprouvée par des chagrins de famille et des revers de fortune, alla fixer son séjour, et où se forma autour d'elle la société de beaux esprits dont elle devint le guide et l'arbitre.

« *ses goûts à sa société, dans laquelle*
« *se rencontra par hasard un homme*
« *de beaucoup d'esprit, qui avait en*
« *lui l'étoffe d'un grand écrivain.* »

D. JOUAUST.

———

Le titre des *Maximes de Madame la Marquise de Sablé* (Paris, Mabre-Cramoisy, 1678) annonce aussi des *Pensées diverses de M. L. D.* Il s'agit ici des pensées de l'abbé d'Ailly, publiées à la suite de celles de la Marquise. Ne les ayant pas reproduites, nous avons dû retrancher du titre la mention qui les concerne.

Les *Maximes* de Mme de Sablé ont été réimprimées à la suite d'une édition des *Maximes* de La Rochefoucauld, publiée à Amsterdam en 1712.

Nous avons donné en appendice des pensées sur l'*Amitié*, qui ne sont imprimées ni dans l'édition que nous reproduisons ni dans celle de 1712. Elles se trouvent dans les manuscrits de Conrart, t. XI, p. 175.

Ces mêmes manuscrits contiennent aussi une autre version de la maxime LXXXI et dernière, sur les *Divertissements*, l'une de celles qui eurent le plus de succès dans la société de Mme de Sablé. Nous l'avons placée après l'Appendice, en indiquant par des caractères italiques les différences qui existent entre le manuscrit et l'imprimé.

D. J.

MAXIMES

DE

MADAME DE SABLÉ

(1678)

MAXIMES

DE MADAME

LA MARQUISE

DE SABLÉ.

A PARIS,

Chez Sebastien Mabre-Cramoisy,
Imprimeur du Roy, ruë S. Jacques,
aux Cicognes.

M. DC. LXXVIII
AVEC PRIVILEGE DV ROY.

’ILLUSTRE Personne qui a
composé les maximes qu’on
donne au public avoit des
qualitez si grandes et si extraordinaires qu’il est bien difficile de les
exprimer par des paroles, quoyqu’on
les sente bien, et qu’on en soit vive-
ment touché pour peu qu’on ait eû
l’honneur de la connoistre. Elle a
convaincu les honnestes gens de son
siecle qu’un merite essentiel et ache-
vé n’est pas de la nature de ces
choses qui flatent en vain les espe-
rances des hommes. Elle a esté éga-

lement honorée des grands et des particuliers, et elle avoit établi une espèce d'empire sur les uns et sur les autres par une superiorité naturelle à laquelle tout le monde se soumettoit aisément.

Sans biens, presque sans credit, mesme aux dernieres années de sa vie, elle avoit une cour nombreuse de personnes choisies de tout âge et de tout sexe, qui ne sortoient jamais d'auprés d'elle que plus heureux et comme charmez de l'avoir veûë. Plusieurs mesme, par des établissemens considerables selon leurs differentes conditions, ont éprouvé ce que pouvoit son extresme bonté toûjours agissante, toûjours ingénieuse, et si feconde en mille moyens de faire du bien que les bons succés ont pres-

que toujours suivi l'application con-
stante qu'elle avoit à rendre de bons
offices à ses amis. Sa vie a esté presque toute occupée à leur faire plaisir,
et son sommeil mesme, quelque pré
cieux qu'il luy fust, n'estoit jamais
interrompu qu'elle n'en remplist les
intervalles par de nouveaux soins
de leur procurer quelques avantages.
Cette bonté estoit si pure et si délicate qu'elle ne pouvoit souffrir les
moindres médisances et les moindres
railleries : elle les regardoit comme
de grandes marques de petitesse d'esprit ou de malignité.

Sa charité égaloit sa bonté; ou,
pour mieux dire, il y avoit un si
juste mélange de l'une avec l'autre
qu'elle estoit toûjours également pré-
parée à soulager le prochain, et

mesme à prévenir ses desirs et ses besoins, autant qu'elle estoit en estat d'y satisfaire. Elle avoit si bien trouvé cette parfaite union de toutes les vertus de la societé civile avec les vertus chrétiennes qu'elle étoit également respectée des solitaires et des gens du monde.

Jamais un grand cœur ne fut conduit par un esprit plus vaste et plus éclairé. Elle l'avoit rempli de toutes les belles connoissances qui peuvent instruire et polir tout ensemble la raison. Elle sçavoit très-bien les langues espagnole et italienne, et sur tout la veritable morale : les maximes qu'elle en a faites sont des leçons admirables pour se conduire dans le commerce du monde. Elle écrivoit parfaitement bien : la bonté

de son esprit et celle de son cœur
luy donnoient une éloquence naturelle et inimitable. Ses sentimens estoient si justes et si raisonnables,
que, pour toutes les choses de bon
sens et de bon goust, ils estoient autant d'arrests souverains qui deci-
doient du prix et du merite de tout
ce qu'on soûmettoit à son jugement.

Elle avoit une raison si droite, et
tellement dégagée de tout ce qui
trouble ordinairement les autres,
que, bien loin d'estre prévenuë par
des opinions particulieres, elle estimoit la vertu et les bonnes choses
par tout où elle les trouvoit dans les
personnes et dans les livres, également ennemie de l'opiniâtreté et de
l'indignation qui vient de l'opposi-
tion des sentimens, toûjours preste

à recevoir la vérité, de quelque costé qu'elle luy fust presentée. Sa conversation avoit tant de charmes, et estoit pleine de choses si utiles, si agréables et si insinuantes, que tout le monde y trouvoit son compte; et on ne la quittoit jamais qu'on ne se trouvast beaucoup plus honneste, avec plus d'esprit et des sentimens plus élevez.

Jamais personne n'a porté la politesse à un plus haut point de perfection : elle estoit répanduë en tout son procédé, dans les petites comme dans les grandes choses. Elle avoit une fermeté et une fidelité extresme à garder le secret de ses amis, et une discretion si fine, si circonspecte et si juste pour tout ce qui regardoit leurs interests, qu'on ne peut rien imaginer au delà. Tant de rares qualitez luy avoient acquis l'estime et la bienveillance d'un grand Prince, qui luy en a donné des marques essentielles jusques à la mort.

Ces grands soins de conserver sa santé, que tant de personnes qui ne la voyoient point accusoient de foiblesse, étoient justifiez lors qu'on la voyoit de prés. La grandeur de son esprit, qui luy donnoit tant de veûës inconnuës aux autres, jointe à une longue experience, l'avoit si bien instruite de mille voyes secretes qui pouvoient alterer ou conserver sa santé, que ses amis ont sujet de croire qu'elle leur auroit encore épargné la douleur de l'avoir perduë, si Dieu n'avoit limité nos jours en leur prescrivant des bornes certaines que toute la science et toute l'industrie des hommes ne peuvent passer.

Une si belle et si glorieuse vie a esté enfin terminée par une mort très-chrétienne. Cette crainte de la mort qu'elle avoit fait tant de fois paroistre, mais qui estoit beaucoup plus dans ses discours que dans ses sentimens, aprés quelques derniers efforts, cessa enfin, lors qu'elle vit ce terme fatal de plus prés. Elle s'abandonna aux decrets de la providence de Dieu avec des sentimens si religieux et si dévots, que, pensant uniquement à son salut, elle compta le reste pour rien. De là vint cette humilité profonde qui luy fit ordonner qu'on l'enterrast dans un cimetiere, comme une personne du peuple, sans pompe et sans ceremonie.

Pour finir enfin son eloge, on peut dire d'elle qu'elle a esté l'ornement de son siecle, les délices de ses amis, un bien général, et qu'elle laisse par sa mort un si grand vuide dans le monde, pour les personnes qui avoient le bonheur de la voir et de la connoistre, qu'il n'y a pas lieu d'esperer qu'on le puisse jamais remplir dignement.

MAXIMES.

I

COMME rien n'est plus foible et moins raisonnable que de soûmettre son jugement à celuy d'autruy, sans nulle application du sien, rien n'est plus grand et plus sensé que de le soûmettre aveuglément à Dieu, en croyant sur sa parole tout ce qu'il dit.

II

Le vray merite ne dépend point du

temps ni de la mode. Ceux qui n'ont point d'autre avantage que l'air de la Cour le perdent quand ils s'en éloignent. Mais le bon sens, lē sçavoir et la sagesse rendent habile et aimable en tout temps et en tous lieux.

III

Au lieu d'estre attentifs à connoistre les autres, nous ne pensons qu'à nous faire connoistre nous-mesmes. Il vaudroit mieux écouter, pour aquerir de nouvelles lumieres, que de parler trop, pour montrer celles que l'on a aquises.

IV

Il est quelquefois bien utile de feindre que l'on est trompé : car, lorsque l'on fait voir à un homme artificieux qu'on reconnoist ses artifices, on luy donne sujet de les augmenter.

V

On juge si superficiellement des choses que l'agrément des actions et des paroles communes, dites et faites d'un bon air, avec quelque connoissance des choses qui se passent dans le monde, réüssissent souvent mieux que la plus grande habileté.

VI

Estre trop mécontent de soy est une foiblesse. Estre trop content de soy est une sotise.

VII

Les esprits mediocres, mais malfaits, sur tout les demi-sçavans, sont les plus sujets à l'opiniâtreté. Il n'y a que les ames fortes qui sçachent se dédire et abandonner un mauvais parti.

VIII

La plus grande sagesse de l'homme consiste à connoistre ses folies.

IX

L'honnesteté et la sincerité dans les actions égarent les méchans et leur font perdre la voye par laquelle ils pensent arriver à leurs fins, parce que les méchans croyent d'ordinaire qu'on ne fait rien sans artifice.

X

C'est une occupation bien penible aux fourbes d'avoir toûjours à couvrir le défaut de leur sincerité et à réparer le manquement de leur parole.

XI

Ceux qui usent toûjours d'artifice devroient au moins se servir de leur jugement pour connoistre qu'on ne peut gueres cacher long-temps une conduite artificieuse parmi des hommes habiles et toûjours appliquez à la découvrir, quoyqu'ils feignent d'estre trompez pour dissimuler la connoissance qu'ils en ont.

XII

Souvent les bienfaits nous font des ennemis, et l'ingrat ne l'est presque jamais à demi : car il ne se contente pas de n'avoir point la reconnoissance qu'il doit, il voudroit mesme n'avoir pas son bienfacteur pour témoin de son ingratitude.

XIII

Rien ne nous peut tant instruire du déreglement général de l'homme que la parfaite connoissance de nos déregle-mens particuliers. Si nous voulons faire réflexion sur nos sentimens, nous recon-noîtrons dans nôtre ame le principe de tous les vices que nous reprochons aux autres : si ce n'est par nos actions, ce sera au moins par nos mouvemens. Car il n'y a point de malice que l'amour pro-pre ne présente à l'esprit pour s'en servir aux occasions, et il y a peu de gens assez vertueux pour n'estre pas tentez.

XIV

Les richesses n'apprennent pas à ne se point passionner pour les richesses. La possession de beaucoup de biens ne donne pas le repos qu'il y a de n'en point desirer.

XV

Il n'y a que les petits esprits qui ne peuvent souffrir qu'on leur reproche leur ignorance, parce que, comme ils sont ordinairement fort aveugles en toutes choses, fort sots et fort ignorans, ils ne doutent jamais de rien, et sont persuadez qu'ils voyent clairement ce qu'ils ne voyent qu'au travers de l'obscurité de leur esprit.

XVI

Il n'y a pas plus de raison de trop s'accuser de ses défauts que de s'en trop excuser. Ceux qui s'accusent par excés le font souvent pour ne pouvoir souffrir qu'on les accuse, ou par vanité de faire

croire qu'ils sçavent confesser leurs défauts.

XVII

C'est une force d'esprit d'avoûër sin-
cerement nos défauts et nos perfections;
et c'est une foiblesse de ne pas demeurer
d'accord du bien ou du mal qui est en
nous.

XVIII

On aime tellement toutes les choses
nouvelles et les choses extraordinaires
qu'on a même quelque plaisir secret par
la veûë des plus tristes et des plus terribles évenemens, à cause de leur nouveauté et de la malignité naturelle qui
est en nous.

XIX

On peut bien se connoître soy-mesme,

mais on ne s'examine point assez pour cela, et l'on se soucie davantage de paroistre tel qu'on doit estre que d'estre en effet ce qu'on doit.

XX

Si l'on avoit autant de soin d'estre ce qu'on doit estre que de tromper les autres en déguisant ce que l'on est, on pourroit se montrer tel qu'on est, sans avoir la peine de se déguiser.

XXI

Il n'y a personne qui ne puisse recevoir de grands secours et de grands avantages des sciences; mais il y a aussi peu de personnes qui ne reçoivent un grand préjudice des lumieres et des connoissances qu'ils ont acquises par les sciences, s'ils ne s'en servent comme si elles leur étoient propres et naturelles.

XXII

Il y a une certaine mediocrité difficile à trouver avec ceux qui sont au dessus de nous, pour prendre la liberté qui sert à leurs plaisirs et à leurs divertissemens sans blesser l'honneur et le respect qu'on leur doit.

XXIII

On a souvent plus d'envie de passer pour officieux que de réüssir dans les offices, et souvent on aime mieux pouvoir dire à ses amis qu'on a bien fait pour eux que de bien faire en effet.

XXIV

Les bons succés dépendent quelquefois du défaut de jugement, parce que le jugement empesche souvent d'entreprendre plusieurs choses que l'inconsideration fait réüssir.

XXV

On loûë quelquefois les choses passées pour blâmer les presentes, et, pour mépriser ce qui est, on estime ce qui n'est plus.

XXVI

Il y a un certain empire dans la maniere de parler et dans les actions qui se fait place par tout, et qui gagne par avance la consideration et le respect. Il sert en toutes choses, et mesme pour obtenir ce qu'on demande.

XXVII

Cét empire qui sert en toutes choses n'est qu'une autorité bienseante qui vient de la superiorité de l'esprit.

XXVIII

L'amour propre se trompe mesme par l'amour propre, en faisant voir dans ses interests une si grande indifference pour ceux d'autruy qu'il perd l'avantage qui se trouve dans le commerce de la rétribution.

XXIX

Tout le monde est si occupé de ses

passions et de ses interests que l'on en veut toûjours parler, sans jamais entrer dans la passion et dans l'interest de ceux à qui on en parle, encore qu'ils ayent le mesme besoin qu'on les écoute et qu'on les assiste.

XXX

Les liens de la vertu doivent estre plus étroits que ceux du sang, l'homme de bien estant plus proche de l'homme de bien par la ressemblance des mœurs que le fils ne l'est de son pere par la ressemblance du visage.

XXXI

Une des choses qui fait que l'on trouve si peu de gens agréables et qui paroissent raisonnables dans la conversation, c'est qu'il n'y en a quasi point qui ne

4

pensent plûtost à ce qu'ils veulent dire
qu'à répondre précisément à ce qu'on
leur dit. Les plus complaisans se conten-
tent de montrer une mine attentive, au
mesme temps qu'on voit dans leurs yeux
et dans leur esprit un égarement et une
précipitation de retourner à ce qu'ils
veulent dire ; au lieu qu'on devroit juger
que c'est un mauvais moyen de plaire
que de chercher à se satisfaire si fort, et
que bien écouter et bien répondre est
une plus grande perfection que de parler
bien et beaucoup, sans écouter et sans
répondre aux choses qu'on nous dit.

XXXII

La bonne fortune fait quasi toûjours
quelque changement dans le procédé,
dans l'air, et dans la maniere de con-
verser et d'agir. C'est une grande foiblesse de vouloir se parer de ce qui n'est
point à soy. Si l'on estimoit la vertu plus

que toute autre chose, aucune faveur ni
aucun employ ne changeroit jamais le
cœur ni le visage des hommes.

XXXIII

Il faut s'accoûtumer aux sotises d'autruy, et ne se point choquer des niaise-
ries qui se disent en nostre presence.

XXXIV

La grandeur de l'entendement em-
brasse tout. Il y a autant d'esprit à souffrir les défauts des autres qu'à connoître
·eurs bonnes qualitez.

XXXV

Sçavoir bien découvrir l'interieur
d'autruy, et cacher le sien, est une
grande marque de superiorité d'esprit.

XXXVI

Le trop parler est un si grand défaut, qu'en matiere d'affaires et de conversation, si ce qui est bon est court, il est doublement bon; et l'on gagne par la briéveté ce que l'on perd souvent par l'excés des paroles.

XXXVII

On se rend quasi toûjours maître de ceux que l'on connoist bien; parce que celuy qui est parfaitement connu est en quelque façon soûmis à celuy qui le connoist.

XXXVIII

L'estude et la recherche de la verité

ne sert souvent qu'à nous faire voir par
experience l'ignorance qui nous est naturelle.

XXXIX

On fait plus de cas des hommes quand
on ne connoist point jusqu'où peut aller
leur suffisance, car l'on présume toûjours
davantage des choses que l'on ne voit
qu'à demi.

XL

Souvent le desir de paroître capable
empesche de le devenir, parce que l'on a
plus d'envie de faire voir ce que l'on sçait
que l'on n'a de désir d'apprendre ce que
l'on ne sçait pas.

XLI

La petitesse de l'esprit, l'ignorance et

la présomption, font l'opiniastreté, parce
que les opiniastres ne veulent croire que
ce qu'ils conçoivent, et qu'ils ne conçoivent que fort peu de choses.

XLII

C'est augmenter ses défauts que de les
desavoûër quand on nous les reproche.

XLIII

Il ne faut pas regarder quel bien nous
fait un ami, mais seulement le desir qu'il
a de nous en faire.

XLIV

Encore que nous ne devions pas aimer
nos amis pour le bien qu'ils nous font,

c'est une marque qu'ils ne nous aiment gueres s'ils ne nous en font point quand ils en ont le pouvoir.

XLV

Ce n'est ni une grande loûange, ni un grand blâme, quand on dit qu'un esprit est ou n'est plus à la mode. S'il est une fois tel qu'il doit estre, il est toûjours comme il doit estre.

XLVI

L'amour qu'on a pour soy-mesme est quasi toûjours la regle de toutes nos amitiez. Il nous fait passer par dessus tous les devoirs dans les rencontres où il y va de quelque interest, et mesme oublier les plus grands sujets de ressentiment contre nos ennemis, quand ils deviennent assez puissans pour servir à nostre fortune ou à nôtre gloire.

XLVII

C'est une chose bien vaine et bien inutile de faire l'examen de tout ce qui se passe dans le monde, si cela ne sert à se redresser soy-mesme.

XLVIII

Les dehors et les circonstances donnent souvent plus d'estime que le fonds et la realité. Une méchante maniere gâte tout, mesme la justice et la raison. Le *comment* fait la meilleure partie des choses, et l'air qu'on leur donne dore, accommode et adoucit les plus fâcheuses. Cela vient de la foiblesse et de la prévention de l'esprit humain.

XLIX

Les sotises d'autruy nous doivent

estre plûtost une instruction qu'un sujet de nous moquer de ceux qui les font.

L

La conversation des gens qui aiment à regenter est bien fâcheuse. Il faut toûjours estre prest de se rendre à la verité, et à la recevoir de quelque part qu'elle nous vienne.

LI

On s'instruit aussi bien par le défaut des autres que par leur instruction. L'exemple de l'imperfection sert quasi autant à se rendre parfait que celuy de l'habileté et de la perfection.

LII

On aime beaucoup mieux ceux qui

tendent à nous imiter que ceux qui tâ-
chent à nous égaler. Car l'imitation est
une marque d'estime, et le desir d'estre
égal aux autres est une marque d'envie.

LIII

C'est une loûable adresse de faire recevoir doucement un refus par des paroles civiles, qui réparent le défaut du
bien qu'on ne peut accorder.

LIV

Il y a beaucoup de gens qui sont tellement nez à dire *non*, que le *non* va
toûjours au-devant de tout ce qu'on leur
dit. Il les rend si desagréables, encore
bien qu'ils accordent enfin ce qu'on leur
demande, ou qu'ils consentent à ce
qu'on leur dit, qu'ils perdent toûjours

l'agrément qu'ils pourroient recevoir s'ils n'avoient point si mal commencé.

LV

On ne doit pas toûjours accorder toutes choses, ni à tous. Il est aussi loûable de refuser avec raison que de donner à propos. C'est en cecy que le *non* de quelques-uns plaît davantage que le *oûi* des autres. Le refus accompagné de douceur et de civilité satisfait davantage un bon cœur qu'une grace qu'on accorde sechement.

LVI

Il y a de l'esprit à sçavoir choisir un bon conseil, aussi-bien qu'à agir de soy-mesme. Les plus judicieux ont moins de peine à consulter les sentimens des au-

tres, et c'est une sorte d'habileté de sçavoir se mettre sous la bonne conduite
d'autruy.

LVII

Les maximes de la vie chrétienne, qui
se doivent seulement puiser dans les vé-
ritez de l'Evangile, nous sont toûjours
quasi enseignées selon l'esprit et l'hu-
meur naturelle de ceux qui nous les en-
seignent. Les uns, par la douceur de
leur naturel, les autres, par l'aspreté
de leur temperament, tournent et employent selon leur sens la justice et la
misericorde de Dieu.

LVIII

Dans la connoissance des choses hu-
maines, notre esprit ne doit jamais se
rendre esclave, en s'assujetissant aux

fantaisies d'autruy. Il faut étendre la liberté de son jugement, et ne rien mettre dans sa teste par aucune autorité purement humaine. Quand on nous propose la diversité des opinions, il faut choisir, s'il y a lieu ; sinon, il faut demeurer dans le doute.

LIX

La contradiction doit éveiller l'attention, et non pas la colere. Il faut écouter et non fuir celuy qui contredit. Nostre cause doit toûjours estre celle de la verité, de quelque façon qu'elle nous soit montrée.

LX

On est bien plus choqué de l'ostentation que l'on fait de la dignité que de celle de la personne. C'est une marque qu'on ne merite pas les emplois quand on se fait de feste; si l'on se fait valoir, ce ne doit estre que par l'éminence de la vertu. Les Grands sont plus en veneration par les qualitez de leur âme que par celles de leur fortune.

LXI

Il n'y a rien qui n'ait quelque perfection. C'est le bonheur du bon goust de la trouver en chaque chose; mais la malignité naturelle fait souvent découvrir un vice entre plusieurs vertus, pour le réveler et le publier, ce qui est plûtost une marque du mauvais naturel qu'un avantage du discernement; et c'est bien mal passer sa vie que de se nourrir toûjours des imperfections d'autruy.

LXII

Il y a une certaine maniere de s'écouter en parlant qui rend toûjours désagréable : car c'est une aussi grande folie de s'écouter soy-mesme quand on s'entretient avec les autres que de parler tout seul.

LXIII

Il y a peu d'avantage de se plaire à soy-mesme quand on ne plaist à personne : car souvent le trop grand amour que l'on a pour soy est châtié par le mépris d'autruy.

LXIV

Il se cache toûjours assez d'amour propre sous la plus grande dévotion pour mettre des bornes à la charité.

LXV

Il y a des gens tellement aveuglez, et

qui se flattent tellement en toutes choses, qu'ils croyent toûjours comme ils désirent, et pensent aussi faire croire aux autres tout ce qu'ils veulent : quelque méchante raison qu'ils employent pour persuader, ils en sont si préoccupez qu'il leur semble qu'ils n'ont qu'à le dire d'un ton fort haut et affirmatif pour en convaincre tout le monde.

LXVI

L'ignorance donne de la foiblesse et de la crainte; les connoissances donnent de la hardiesse et de la confiance. Rien n'étonne une ame qui connoist toutes choses avec distinction.

LXVII

C'est un défaut bien commun de

n'estre jamais content de sa fortune, ni
mécontent de son esprit.

LXVIII

Il y a de la bassesse à tirer avantage
de sa qualité et de sa grandeur pour se
moquer de ceux qui nous sont soûmis.

LXIX

Quand un opiniâtre a commencé à
contester quelque chose, son esprit se
ferme à tout ce qui le peut éclaircir : la
contestation l'irrite, quelque juste qu'elle
soit, et il semble qu'il aït peur de trouver
la verité.

LXX

La honte qu'on a de se voir loûër

sans fondement donne souvent sujet de faire des choses qu'on n'auroit jamais faites sans cela.

LXXI

Il vaut presque mieux que les Grands recherchent la gloire, et mesme la vanité, dans les bonnes actions, que s'ils n'en étoient point du tout touchez : car, encore que ce ne soit pas les faire par les principes de la vertu, l'on en tire au moins cet avantage, que la vanité leur fait faire ce qu'ils ne feroient point sans elle.

LXXII

Ceux qui sont assez sots pour s'estimer seulement par leur noblesse méprisent en quelque façon ce qui les a rendus nobles, puisque ce n'est que la vertu de leurs ancestres qui a fait la noblesse de leur sang.

LXXIII

L'amour propre fait que nous nous trompons presque en toutes choses, que nous entendons blasmer et que nous blasmons les mesmes défauts dont nous ne nous corrigeons point, ou parce que nous ne connoissons pas le mal qui est en nous, ou parce que nous l'envisageons toûjours sous l'apparence de quelque bien.

LXXIV

La vertu n'est pas toûjours où l'on voit des actions qui paroissent vertueuses : on ne reconnoist quelquefois un bienfait que pour établir sa réputation, et pour estre plus hardiment ingrat aux bienfaits qu'on ne veut pas reconnoître.

LXXV

Quand les Grands esperent de faire croire qu'ils ont quelque bonne qualité qu'ils n'ont pas, il est dangereux de montrer qu'on en doute : car en leur ostant l'esperance de pouvoir tromper les yeux du monde, on leur oste aussi le desir de faire de bonnes actions qui sont conformes à ce qu'ils affectent.

LXXVI

La meilleure nature, étant sans instruction, est toujoûrs incertaine et aveugle. Il faut chercher soigneusement à s'instruire pour n'estre ni trop timide, ni trop hardi, par ignorance.

LXXVII

La société, et mesme l'amitié de la

plupart des hommes, n'est qu'un commerce qui ne dure qu'autant que le besoin.

LXXVIII

Quoique la pluspart des amitiez qui se trouvent dans le monde ne meritent point le nom d'amitié, on peut pourtant en user selon les besoins, comme d'un commerce qui n'a pas de fonds certain et sur lequel on est ordinairement trompé.

LXXIX

L'Amour, par tout où il est, est toûjours le maistre. Il forme l'ame, le cœur et l'esprit, selon ce qu'il est. Il n'est ni petit ni grand selon le cœur et l'esprit qu'il occupe, mais selon ce qu'il est en luy-mesme ; et il semble veritablement que l'Amour est à l'ame de celuy qui aime ce que l'ame est au corps de celuy qu'elle anime.

LXXX

L'amour a un caractere si particulier, qu'on ne peut le cacher où il est, ni le feindre où il n'est pas.

LXXXI

Tous les grands divertissemens sont dangereux pour la vie chrétienne; mais entre tous ceux que le monde a inventez il n'y en a point qui soit plus à craindre que la Comedie. C'est une peinture si naturelle et si délicate des passions qu'elle les anime et les fait naître dans nôtre cœur, et surtout celle de l'Amour, principalement lors qu'on se représente qu'il est chaste et fort honneste : car, plus il paroît innocent aux ames innocentes, et plus elles sont capables d'en estre touchées. On se fait en mesme temps une conscience fondée sur l'honnesteté de ces sentimens, et on s'imagine que ce n'est pas blesser la pureté que d'aimer d'un amour si sage. Ainsi on sort de la Comedie le cœur si rempli de toutes les douceurs de l'amour, et l'esprit si persuadé de son innocence, qu'on est tout préparé à recevoir ses premières impressions, ou plûtot à chercher l'occasion de les faire naître dans le cœur de quelqu'un, pour recevoir les mesmes plaisirs et les mesmes sacrifices que l'on a veûs si bien representez sur le theatre.

TABLE DES MAXIMES

Le chiffre marque le nombre de chaque Maxime.

A

Agrément. 5, 65.
Amitié. 43, 44, 77, 78.
Amour. 79, 80.
Amour propre. 13, 28, 29, 46, 63, 64, 73.

B

Bienfait. 12, 74.
Bon goust. 61.
Bon sens. 2.

C

Comedie. 81.

Connoissance de soy-mesme. 19.
Conseil. 56.
Contradiction. 59, 69.
Conversation. 31, 5o, 62.
Cour. 2.
Crainte. 66.

D

Défauts. 16, 17, 34, 42, 47, 51.
Deguisement. 20.
Dévotion. 64.

E

Empire. 26, 27.
Emplois. 6o.
Envie. 52.
Esprit. 67.
Petits esprits. 7, 15.
Estime. 52.
Evangile. 57.

F

Foiblesse. 6.
Fortune. 3o, 6o, 67.

G

Grands. 22, 6o, 68, 71, 75.

H

Habileté. 56.
Hardiesse. 66.

I

Ignorance. 38, 66.
Imitation. 52.
Ingratitude. 12, 74.
Interieur. 35, 37.

J

Jugement. 1, 58.

L

Loûange. 70.

M

Maniere. 48.
Mépris. 25.
Merite. 2.
Mode. 2, 45.

N

Nature. 76.
Noblesse. 72
Nouveauté. 18.

O

Offices. 23.
Opiniâtreté. 7, 41, 69.

P

Parler peu. 3, 31, 36.
Parler seul. 62.
Perfection. 61.
Préocupation. 65.

Q

Qualité. 68.

R

Refus. 53, 54, 55.
Religion. 1, 57.
Richesses. 14.

S

Sagesse. 8.
Science. 21, 66.
Sincerité. 9.
Société. 77.
Sotise. 6, 33, 49.

Succés. 24.
Suffisance. 39, 40.

T

Temperament. 57.
Tromperie. 4, 10, 11.

V

Vanité. 71.
Verité. 50, 59, 69.
Vertu. 30, 32, 74.

APPENDICE

DE L'AMITIÉ

(MANUSCRITS DE CONRART, TOME XI, PAGE 175)

———

L'AMITIÉ est une espece de vertu qui ne peut estre fondée que sur l'estime des personnes que l'on ayme, c'est à dire sur les qualitez de l'ame, comme sur la fidelité, la generosité et la discretion, et sur les bonnes qualitez de l'esprit.

✠

Il faut aussi que l'amitié soit reci-

8

proque, parce que dans l'amitié l'on ne peut aymer, comme dans l'amour, sans estre aymé.

❀

Les amitiez qui ne sont point establies sur la vertu, et qui ne regardent que l'interest ou le plaisir, ne meritent point le nom d'amitié : ce n'est pas que les bienfaits et les plaisirs que l'on reçoit reciproquement des amis ne soient des suittes et des effets de l'amitié, mais ils n'en doivent jamais estre la cause.

❀

L'on ne doit pas aussi donner le nom d'amitié aux inclinations naturelles, parce qu'elles ne dépendent point de notre volonté ni de notre choix, et, quoy qu'elles rendent nos amitiez plus agreables, elles n'en doivent pas estre le fondement.

❧

L'union qui n'est fondée que sur les mesmes plaisirs et les mesmes ocupations ne merite pas le nom d'amitié, parce qu'elle ne vient ordinairement que d'un certain amour propre, qui fait que nous aymons tout ce qui nous est semblable, encore que nous soyons tres imparfaits : ce qui ne peut arriver dans la vraye amitié, qui ne cherche que la raison et la vertu dans ses amis. C'est dans cette sorte d'amitié où l'on trouve les bien faits reciproques, les offices receus et rendus, et une continuelle communication et participation du bien et du mal qui arrivent entre les personnes qui s'ayment, et qui dure jusqu'à la mort, sans pouvoir estre changée par aucun des accidens qui arrivent dans la vie, si ce n'est que l'on découvre, dans la personne que l'on ayme, moins de vertu ou moins d'amitié, parce que, l'amitié estant fondée sur ces choses là, le fondement manquant, l'on peut manquer d'amitié.

❀

Ceux qui sont assés sots pour se priser seulement par la noblesse de leur sang mesprisent ce qui les a rendus nobles, puisque ce n'est que la vertu de leurs ancestres qui a fait la noblesse de leur sang.

❀

Celuy qui ayme plus son amy que la raison et la justice aymera plus en quelque autre occasion son profit ou son plaisir que son amy.

❀

L'homme de bien ne desire jamais qu'on le deffende injustement, car il ne veut point qu'on fasse pour luy ce qu'il ne voudroit pas faire luy-mesme.

VARIANTES

DE LA MAXIME LXXXI

VARIANTES

DE LA MAXIME LXXXI

(MANUSCRITS DE CONRART)[1]

Tous les grands divertissemens sont dangereux pour la vie chrestiene; mais, entre tous ceux que le monde a inventés, il n'y en a point qui soit plus à craindre que la Comedie. C'est une *representation* si naturelle et si deli-

---

1. Plutôt que de nous borner à relever les variantes, nous avons mieux aimé reproduire en entier cette autre version de la maxime LXXXI, en indiquant les différences de texte par des caractères italiques.

Cette maxime, très-goûtée dans la société de Madame de Sablé, passa de bouche en bouche, et fut souvent répétée et commentée. L'impression n'en ayant pas arrêté la forme définitive, on comprend qu'il en ait existé

cate des passions qu'elle les *emeut* et les fait naître dans notre cœur, et sur tout celle de l'amour, principalement lorsqu'on *le* représente *fort* chaste et fort honnete : car, plus il paroist innocent aux ames innocentes, et plus elles sont capables d'en estre touchées ; *sa violence plaist à notre amour-propre, qui forme aussi tost un desir de causer les mémes effects que l'on void si bien representés* [1], *et* l'on se fait *au* mesme temps une conscience fondée sur l'honesteté *des* sentimens *qu'on y void, qui oste la crainte des ames pures, qui s'imaginent* que ce n'est pas blesser la pureté d'aymer d'un amour *qui leur semble* si sage.

Ainsi *l'on s'en va* de la Comedie le cœur sy remply *de toutes les beautés et* de toutes les douceurs de l'amour, *et l'ame et l'es-*

des rédactions différentes. Il a pu en être ainsi de plusieurs autres maximes de la Marquise.

Nous avons conservé l'orthographe du manuscrit, ce qui explique les différences orthographiques que l'on pourra remarquer dans les passages conformes à la version de l'imprimé.

1. Ces quatre lignes ne sont pas une variante de rédaction, mais se trouvent en plus dans la version du manuscrit.

prit si persuadés de son innocence, qu'on est tout préparé à recevoir *les* premieres impressions, ou plutost à chercher l'occasion de les faire naître dans le cœur de quelqu'un, pour recevoir les mesmes plaisirs et les mesmes sacrifices que l'on a veus si bien *depeins dans la Comedie.*

TABLE DES MATIÈRES

	Pages
La Marquise de Sablé	I
Maximes de Madame la Marquise de Sablé. Paris, Sebastien Mabre - Cramoisy, M.DC.LXXVIII	I
Appendice: *De l'Amitié* (Tiré des manuscrits de Conrart)	57
Variantes de la maxime LXXXI, tirées des manuscrits de Conrart.	65

Imprimé par D. JOUAUST

POUR LA COLLECTION

DU CABINET DU BIBLIOPHILE

AVRIL 1870

LE CABINET

DU

BIBLIOPHILE

PIÈCES RARES OU INÉDITES

ÉDITIONS ORIGINALES

———

Le Cabinet du Bibliophile se compose de pièces rares ou inédites, intéressantes pour l'étude de l'histoire, de la littérature et des mœurs du XVe au XVIIIe siècle. Il comprend aussi les éditions originales de ceux de nos grands écrivains dont le premier texte présente des différences notables avec le texte définitif. — Le double intérêt de rareté et de curiosité que présentent ces publications leur assigne une place dans le cabinet du bibliophile, dont elles forment la bibliothèque intime.

Le nombre de ces publications est illimité. Elles paraissent les unes après les autres, sans ordre, et à mesure qu'il s'en rencontre qui semblent dignes d'être reproduites. — Chacune d'elles, indépendante de toutes les autres, peut être achetée séparément. Le seul lien qui existe entre elles est dans la pensée de former pour les bibliophiles une collection qui réponde à leurs goûts et à leurs besoins.

———

CONDITIONS DE LA PUBLICATION

(*Impressions.*) Les volumes sont imprimés sur très-beau papier vergé de Hollande, et recouverts en parchemin factice replié sur doubles gardes. Ils sont tirés le plus souvent à 3oo exemplaires. Chaque publication porte, du reste, le chiffre exact et le détail du tirage, et tous les exemplaires sont numérotés.

(*Exemplaires de choix.*) Il est tiré également quelques exemplaires sur papier de Chine et sur papier Whatman. Ces exemplaires étant toujours les premiers vendus, les personnes qui voudront se les assurer devront nous les demander à l'avance.

(*Exemplaires sur vélin et sur parchemin.*) Les amateurs qui désireraient des exemplaires sur vélin ou sur parchemin sont priés de nous en prévenir. Ils trouvent toujours, sur un catalogue joint au dernier volume paru, l'indication des ouvrages en préparation, et peuvent ainsi nous envoyer leurs demandes avant que l'impression soit commencée.

(*Souscripteurs.*) Il est donné avis de la publication de chaque volume à toute personne qui en manifeste le désir. Les amateurs qui souscrivent à toute la collection reçoivent les volumes dès qu'ils paraissent.

(*Prix.*) Le prix des volumes varie de 5 à 10 fr. pour les papiers vergés, et de 10 à 20 fr. pour les papiers Whatman et les papiers de Chine.

EN VENTE.

Le Premier Texte de La Bruyère (1688), publ. par D. Jouaust. 1 volume de 240 pages. .   10 fr.

Le Premier Texte de La Rochefoucauld (1665), publ. par F. de Marescot. 1 vol. de 152 pages.   7 50

La Chronique de Gargantua (*s. d.*), premier texte du roman de Rabelais, publ. par Paul Lacroix. 1 vol. de 104 pages . . . .   5 »

La Puce de Madame Desroches (1610), publ. par D. Jouaust. 1 volume de 140 pages. 7 50

Amusements sérieux et comiques, de Dufresny (1705), publ. par D. Jouaust. (Idée première des *Lettres Persanes.*) 1 vol. de 124 pages. . .   6 »

Lettres Turques, de De Saint-Foix (1744), publ. par D. Jouaust. (Imitation des *Lettres Persanes.*) 1 volume de 116 pages. . . . .   6 »

Satires de Dulorens, édition de 1646, avec un *portrait authentique* de l'auteur. Publié par D. Jouaust. 1 volume de 258 pages . . . . . .   12 »

Poésies de Tahureau, publiées par Prosper Blanchemain. Tome Ier : *Premières poésies* (1554).   8 »

—   Tome II : *Sonnets, Odes et Mignardises* (1554). . . . .   10 »

Maximes de Madame de Sablé (1678), publiées par D. Jouaust. . . . .   5 »

SOUS PRESSE :

La Chronique de Pantagruel (*s. d.*), publiée par
Paul Lacroix. 1 volume.

Les Marguerites de la Marguerite (1547), publ.
par Félix Frank. 4 volumes.

EN PRÉPARATION :

Les Arrêts d'amour, de Martial de Paris, dit d'Au-
vergne, avec un choix de commentaires de Benoist
de Cour, publiés par P.-L. Miot-Frochot. 1 volume.

Poésies de Courval - Sonnet , publiées par E.
Courbet.

Les Satires de Vauquelin de la Fresnaye. 2
volumes.

La Farce de Pathelin, avec notice par Paul Lacroix.
1 volume.

Les Quatrains du sieur de Pibrac, publiés par F.
de Marescot.

———

A LA LIBRAIRIE DES BIBLIOPHILES

RUE SAINT-HONORÉ, 338, A PARIS.

www.ingramcontent.com/pod-product-compliance
Lightning Source LLC
LaVergne TN
LVHW050601090426
835512LV00008B/1294